AF379591

LA MATRIZ BCG

El análisis BCG de la cartera

Por Thomas del Marmol
En colaboración con Carmela Milano
Traducido por Laura Bernal Martín

Economía y empresa en50MINUTOS.es

LAS CLAVES PARA EL ÉXITO

Adam Smith

El principio de Pareto

El estrés laboral

La pirámide de Maslow

www.en50minutos.es

LA MATRIZ BCG

DATOS CLAVE

- **¿Denominaciones?** Matriz BCG (BCG Matrix), análisis BCG, matriz de crecimiento-participación de mercado o matriz de crecimiento-cuota de mercado relativa. Su nombre se refiere al Boston Consulting Group, el grupo internacional de consultoría estratégica que la creó.
- **¿Utilidad?** Lo utilizan sobre todo los mánagers que quieren observar la importancia relativa de las unidades de su cartera de negocios. La matriz le aconseja y le incita a invertir, a conservar o a deshacerse de sus unidades de negocio.
- **¿Por qué es eficaz?** Si se utiliza en buenas condiciones, le ofrece al mánager la posibilidad de conocer mejor sus unidades de negocios y de tomar las mejores decisiones en materia de asignación de recursos y de competencias.
- **¿Palabras clave?** UEN, herramienta estratégica, cuota de mercado relativa, tasa de crecimiento del mercado, estrellas, vacas lecheras, interrogantes, perros, líder, seguidor, autofinanciamiento, economías de escala, ciclo de madurez del mercado, matriz atractivos/fortalezas, matriz de Ashridge.

INTRODUCCIÓN

Hoy en día es de sobra conocido lo importante que es para un mánager contar con una cartera de unidades de negocio variadas, así como poderla gestionar lo mejor posible. En verdad, quien descuide el seguimiento de la evolución de su cartera de unidades de negocio, aunque solo sea por un instante, se verá enseguida castigado por su olvido. Sin embargo, llevar a cabo esta gestión de unidades no es tarea fácil, y numerosas empresas que se creían invencibles han experimentado una precipitada caída debido a un mal análisis de mercado o a que han sobreestimado sus fortalezas.

Las matrices de gestión de carteras aparecieron con el objetivo de ayudar a los mánagers y permitirles comprender mejor el impacto de sus diferentes UEN (unidades estratégicas de negocios).

¿**SABÍAS QUE...?** UEN

Una UEN es la sección de una empresa a la que el mánager puede decidir asignar o retirar recursos. La división de una empresa en UEN responde a una necesidad organizativa y permite una mejor visión de los distintos departamentos de la misma. A cada una de esas UEN la pueden dirigir de manera autónoma e independiente según las decisiones estratégicas de la empresa.

Historia

El Boston Consulting Group, creado en 1963 por Bruce D. Henderson (1915-1992), se desarrolla con rapidez y se convierte en una de las consultorías estratégicas más importantes del mundo, con oficinas en casi 80 países. El BCG trabaja en colaboración con empresas procedentes de horizontes muy diversos: de la energía, de la salud, automovilísticas o de la telecomunicación. Una de sus principales innovaciones es la creación de la matriz BCG.

Desarrollada en los años sesenta, permite determinar la cuota de mercado relativa de una actividad, así como evaluar el crecimiento del mercado unido a esta. En concreto, esto significa que la matriz capacita al mánager para seleccionar las actividades que generan excedentes o que poseen un alto potencial, así como aquellas que están en fase de declive o que se encuentran en grave riesgo de entrar en declive.

La matriz BCG surgió en una época en la que comprender los mecanismos de mercado era muy importante. De hecho, dentro de la comunidad financiera numerosos interrogantes giraban en torno al proceso de la toma de decisiones. Este contexto era propicio para el desarrollo y el uso de una matriz de estas características, que brinda herramientas que facilitan la toma de decisiones por parte de los mánagers en cuanto a la asignación de recursos. Como consecuencia, recibió una muy buena acogida y fue rápidamente adoptada por los directivos de las empresas.

Definición del modelo

La matriz BCG le ofrece a su usuario repartir sus distintas UEN según su crecimiento previsto y según su cuota de mercado relativa. Descansa por tanto sobre dos ejes, y permite clasificar las UEN en cuatro categorías: las «estrellas», las «vacas lecheras», los «perros» y los «interrogantes». Mediante este modelo, el mánager podrá tomar las mejores decisiones de asignación de recursos entre las diferentes

UEN. Asimismo, la matriz le permitirá adquirir una mejor visión global de su empresa y determinar las unidades estratégicas de negocios que hay que promover y aquellas de las que hay que deshacerse.

TEORÍA Y PRESENTACIÓN DEL CONCEPTO

CONTEXTO Y CONCEPTO

Hoy en día, la matriz BCG es una de las herramientas de gestión de carteras que más utilizan los mánagers. Forma parte de un conjunto de matrices de asignación de recursos más amplio, en el que se incluyen la matriz de McKinsey y la de Ashridge. El objetivo principal de estos modelos es facilitar la toma de decisiones del mánager, sobre todo en términos de asignación de recursos limitados (monetarios, materiales o intelectuales) entre las distintas UEN. Dicho de otra forma, intentan poner en marcha un plan de asignación interna coherente entre las UEN en función de sus respectivos atractivos (relacionados con la creación de beneficio, con el potencial de desarrollo, etc.), así como posibles sinergias entre las UEN. Todos estos modelos presentan dos ejes: el primero se refiere a las especificidades del mercado y el segundo a la fortaleza de la empresa.

La matriz BCG permite mostrar las distintas unidades estratégicas de negocios de una empresa en un cuadro con dos ejes:

- el eje vertical corresponde a la tasa de crecimiento del mercado, es decir, al potencial de desarrollo del mercado en los próximos años –generalmente, se considera que un mercado en crecimiento experimenta un aumento de alrededor del 5% de su volumen de ventas;
- el eje horizontal representa, por su parte, la cuota de

mercado relativa que posee la UEN en ese mercado. Para calcular la cuota de mercado relativa, se suele utilizar una fórmula: la cuota relativa de la UEN dividida entre la cuota de mercado del competidor más importante.

- ○ Ejemplo: si poseo el 15% de la cuota de mercado y mi competidor posee el 10%, mi cuota de mercado relativa será igual a 1,5, ya que nos da este resultado.

Se considera que la cuota de mercado relativa es fuerte cuando es superior a 1,25.

La matriz BCG

¿SABÍAS QUE...? «LÍDER» O «SEGUIDOR»

Para una empresa, ser «líder» significa tener una posición dominante para un producto en un mercado definido y ser reconocido por sus competidores como el *top of mind* de su categoría – el primero que viene a la cabeza. El «seguidor», por el contrario, solo posee una pequeña cuota de mercado y está por consiguiente obligado a imitar a la competencia para esperar sobrevivir en ese mercado. (Lambin y Moerloose 2008).

Las implicaciones de este modelo permiten comprender los diferentes aspectos que se han de tener en cuenta antes de favorecer ciertas actividades. En realidad, si bien aparece claramente reflejado en el esquema que un mercado en crecimiento sumado a una cuota de mercado importante resulta extremadamente atractivo para el mánager, no es siempre fácil saber cómo ocuparse de las actividades que tienen una importante cuota de mercado en mercados estancados, es decir, en declive. También plantea numerosas preguntas la cuestión de las UEN que poseen una pequeña cuota de mercado en mercados en crecimiento exponencial. Gracias a los datos que hemos citado anteriormente, podemos obtener un cuadro dividido en cuatro cuadrantes, que permite distinguir cuatro tipos de UEN diferentes así como sus márgenes brutos de autofinanciación (MBA). El MBA muestra la autonomía financiera de una empresa y se calcula a partir del balance del periodo contable en curso (total de amortizaciones y de reservas + resultado neto posterior a descontar los impuestos y anterior a una redistribución potencial de los beneficios).

Los cuatro tipos de UEN

- **Las «estrellas»** representan las unidades de negocio que poseen una importante cuota de mercado relativa en un mercado en crecimiento. Podemos considerar que las unidades presentes en este cuadro son muy a menudo líderes en el mercado y necesitan grandes y constantes inversiones para poder mantener su crecimiento al mismo tiempo que resisten a la presión de sus competidores. Dicho esto, los resultados estarán más que a la altura de las expectativas puestas en ellos, puesto que generan importantes beneficios para el mánager.
- **Los «perros», también llamados «pesos muertos»,** se sitúan en el cuadrante inferior derecho de la tabla. Representan las UEN que se encuentran en un mercado de bajo crecimiento y que poseen una pequeña cuota de mercado relativa. A menudo, se trata de unidades en

declive que evolucionan en mercados que dominan determinados competidores (ventaja competitiva). Puede que estas unidades «obsoletas» necesiten importantes inversiones y que finalmente generen pocos o ningún resultado. Por este motivo es generalmente aconsejable alejarse de este tipo de unidades: seguir adelante con ellas podría perjudicar a la empresa.

- **Las «vacas lecheras»** corresponden a unidades que poseen una cuota de mercado bastante importante en un sector en declive. Se trata a menudo de unidades que dominan a sus competidores en un mercado maduro, y que por lo tanto solo necesitan una inversión limitada. En realidad, las condiciones de mercado probablemente no atraerán a nuevos competidores, y tampoco empujan a que los competidores actuales quieran deshacerse de los que ya están en el mercado. El efecto de experiencia, sobre todo gracias a los recursos, a las competencias esenciales y a las economías de escala, permite a la empresa generar un beneficio superior al de sus competidores. Se considera que el objetivo de estas unidades no es evolucionar, sino recaudar fondos. Por ello, estas se sitúan a menudo en la base de los ingresos financieros más importantes y permiten inversiones, sobre todo en las estrellas y en los interrogantes.

¿SABÍAS QUE...? EL EFECTO DE EXPERIENCIA

El efecto de experiencia se observa cuando se produce más (economía de escala), cuando se sistematizan los procesos (estandarización) o cuando la experiencia resulta cada vez mayor (efecto de aprendizaje). Como consecuencia, el coste unitario de producción disminuye. (Lendrevie y Lévy 2013).

- **Los «interrogantes», también llamados «dilemas», «niños problema» o «gatos salvaje»**, reagrupan las unidades que poseen una pequeña cuota de mercado relativa en mercados en pleno crecimiento. Como su propio nombre indica, estas unidades son un verdadero quebradero de cabeza para los mánagers. Sin embargo, estas UEN representan una oportunidad real de beneficios futuros, con la condición de que se inviertan hoy importantes sumas. En realidad, cuando una unidad se encuentra en un mercado en rápido crecimiento, siempre es posible recortar la desventaja que se tiene con respecto al líder al apropiarse de cuotas de mercado gracias a las inversiones realizadas. La complejidad de esta tarea radica en seleccionar las UEN que posean un potencial suficiente que les permita optar en el futuro al puesto de líder en el sector, y convertirse de este modo en una estrella. Si las inversiones previstas no se dan o no son lo suficientemente importantes, la unidad se arriesga a transformarse en un perro cuando el mercado llegue a la madurez. Por lo tanto, se le debe prestar especial atención a los interrogantes. La experiencia recomienda contar con varios, ya que no todos alcanzarán el estatus de estrella, pero seleccionarlos con precaución.

Ciclo de vida de un producto

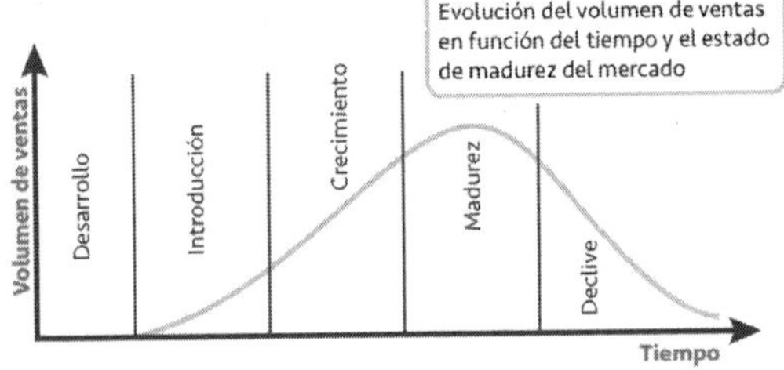

VENTAJAS DEL USO DE LA MATRIZ BCG

La matriz BCG permite adquirir una visión clara a largo plazo de las diferentes UEN. Permite, en realidad, posicionar las unidades de negocio, observar el lugar que ocupan en la matriz y gestionar lo mejor posible la asignación de recursos. Gracias a su uso, el mánager puede decidir en mejores condiciones el futuro de las UEN de la empresa: descubrirá de cuáles debe separarse y en cuáles ha de invertir.

La matriz también permite comprender las distintas necesidades inherentes al desarrollo de ciertas actividades. Obliga al mánager a reflexionar sobre el mercado y a realizar un análisis interno de las UEN en cuestión para conocer su potencial de desarrollo. La dirección podrá entonces realizar una estimación de las inversiones que serán necesarias.

Finalmente, la matriz BCG nos recuerda que los beneficios de ciertas UEN deben asignarse a actividades con un elevado potencial de desarrollo. Esto permite concienciar al personal y a los directivos de la importancia de ser ahorradores, incluso si la actividad genera muchos beneficios.

- 12 -

LÍMITES DEL MODELO Y EXTENSIONES

PRERREQUISITOS NECESARIOS

Para utilizar este modelo se necesita a pesar de todo someter a análisis dos prerrequisitos:

- **el prerrequisito de la autofinanciación**. Comprobamos que la matriz BCG ignora la posibilidad de financiaciones externas para la empresa. Recurre principalmente al modelo del ciclo de vida presentado con anterioridad (ciclo de vida de un producto) para explicar que es necesario contar con UEN en diferentes estados de madurez del mercado para poder financiar las actividades que cuentan con el potencial más elevado. No se tiene en cuenta la posibilidad de financiaciones externas mediante endeudamiento o mediante accionarios;
- **el prerrequisito del efecto de experiencia.** La pertinencia de esta matriz solo es real si existe un efecto de experiencia que favorece al líder en el mercado. En los casos en los que nos encontramos con un efecto de experiencia limitado, la empresa líder en el mercado no tendrá sistemáticamente una rentabilidad mejor que la de los seguidores, cuestionando así la validez del modelo.

Resulta importante que siempre se tengan en cuenta estas hipótesis observando el mercado antes de utilizar la matriz BCG. Un mal análisis del mercado podría cuestionar la eficacia del modelo y conduciría al mánager a tomar malas decisiones.

LÍMITES EN EL USO DE LA MATRIZ BCG

La matriz BCG se considera una herramienta pertinente y que aporta una valiosa ayuda al mánager que quiere analizar sus distintas unidades de negocio. Sin embargo, esta matriz posee algunos límites que es importante conocer. Las hipótesis que acabamos de ver son restrictivas, pero pueden verificarse fácilmente en la práctica. Además, es necesario aclarar algunos aspectos.

La imprecisión de los términos

Es difícil definir y cuantificar algunos términos. En realidad, dependiendo de las características del mercado, la cuota de mercado relativa puede parecer elevada o baja. Además, la definición de mercado varía según los mánagers, lo que complica el cálculo. Como consecuencia, los resultados corren el riesgo de ser disparatados dependiendo de la definición de mercado elegida.

Por ejemplo, si vendo bolígrafos, ¿tengo que considerar que los vendedores de lápices y los de procesadores de texto son mis competidores?

A menudo, el mánager tenderá a elegir la solución que mejor le convenga, arriesgándose a encontrarse en el cuadrante «vaca lechera» o en «perros». La respuesta obtenida mediante la matriz BCG estará generalmente basada en criterios subjetivos de los mánagers, lo que provoca que los detractores de la matriz critiquen una solución que se ve truncada por la influencia de su usuario.

Además, la separación entre los cuadrantes puede variar en función de las obras de referencia que se consulten. La frontera entre un interrogante y un perro puede parecer difusa en algunos casos.

La simplificación excesiva de un mundo complejo

Si bien es cierto que este modelo permite obtener una buena visión global del posicionamiento de cada una de las UEN, no es posible garantizar que la unidad de negocio, una vez clasificada, vaya seguir automáticamente el camino descrito con anterioridad. No todos los perros están destinados al trágico final que explicamos más arriba, de la misma manera que no todas las vacas lecheras representan una fuente de ingresos continua. En realidad, un perro puede superar una estrategia de diferenciación a ojos del líder y llegar a generar beneficio durante un determinado período. Al directivo de una vaca lechera también le puede parecer desalentador reasignar sistemáticamente el conjunto de sus beneficios a una unidad de negocio incierta de la que nunca ha oído hablar. En este caso, el aspecto comportamental de los empleados no se tiene en cuenta y puede inducir a errores en la evolución predicha por la matriz BCG. Finalmente, algunas sinergias pueden hacer que el directivo se dé cuenta de que una unidad de negocio situada en el cuadrante de los perros debe de mantenerse a pesar de todo, ya que contribuye al beneficio de otras unidades de negocio.

¿La recomendación final o la orientación?

Nótese que la conclusión que resulta de la matriz BCG debe contemplarse como una orientación hacia la que dirigirse más que como una recomendación clara y precisa. De hecho, se desaconseja dirigir toda la política de una empresa basándose únicamente en los resultados de una matriz BCG realizada con prisas. El mundo económico es complejo y a menudo las previsiones solo son parcialmente exactas. Por ello, las conclusiones de una matriz BCG deben analizarse y aplicarse con prudencia para evitar equivocaciones que provocarían la inevitable caída de las UEN. Así, por una excesiva simplificación, la respuesta al posicionamiento de una UEN en la categoría de los perros no debe necesariamente saldarse con el sacrificio de la misma a favor de otras más rentables, dado que no se excluye que esté siendo rentable para otras UEN al aportarles las competencias necesarias para su correcto desarrollo.

EXTENSIONES Y MODELOS RELACIONADOS

Existen algunas matrices complementarias al modelo BCG, entre las que se destacan:

- la matriz atractivos/fortalezas de McKinsey;
- la matriz de Ashridge

Gracias al uso de estas nuevas matrices, el mánager tiene la posibilidad de tener en cuenta ciertos factores relativos al atractivo del mercado que la matriz BCG pasa por alto, lo que le permite obtener la mejor cartera de negocios posible.

La matriz atractivos/fortalezas de McKinsey

Esta matriz, también conocida como «matriz GE-Mckinsey», fue desarrollada por la consultoría McKinsey & Company, especializada en consultoría estratégica. Fundada en 1920 por James Oscar McKinsey (1889-1937), su principal objetivo es aconsejar y ayudar a las empresas a prosperar en un agitado contexto económico. McKinsey & Company, presente en todo el mundo, goza de una inquebrantable reputación basada en fuertes valores en torno a la consultoría estratégica.

La matriz perfeccionada en los años setenta relaciona el atractivo del mercado (factores clave del entorno) y las fortalezas competitivas de la empresa sobre las UEN (la fuerza competitiva de las UEN en el mercado).

Los factores que se tienen en cuenta aquí difieren ligeramente, puesto que esta matriz se concentra más en la ventaja competitiva de las UEN que en su cuota de mercado. Esto permite tener en cuenta las ventajas que pueden ofrecer una buena imagen de marca, unos avanzados recursos tecnológicos, etc. Además, utilizar los atractivos del mercado en vez de la tasa de crecimiento del mismo permite considerar factores como la existencia de una legislación favorable, etc. Como consecuencia, cabe destacar que la matriz McKinsey es una herramienta de diagnóstico bastante más elaborada que la matriz BCG, ya que tiene en cuenta una serie de factores que hasta entonces eran ignorados.

Finalmente, nótese que esta matriz propone situaciones neutras, lo que le ofrece al mánager la posibilidad de elegir según sus preferencias o las circunstancias que juzgue favorables o no a la inversión.

La matriz McKinsey

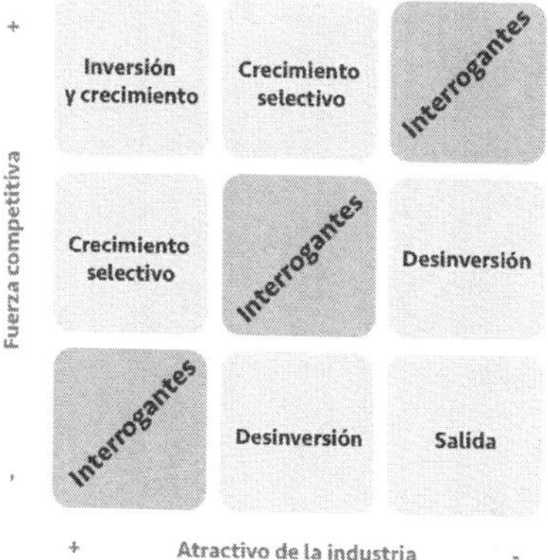

La matriz de Ashridge

La matriz de Ashridge, desarrollada por Michael Goold y Andrew Campbell, brinda una nueva visión de la gestión de la cartera al insistir sobre la capacidad que tiene la dirección para comprender las UEN y actuar en consecuencia. En realidad, si la dirección no es capaz de entender las necesidades de desarrollo de las UEN, las inversiones sobre estas corren el riesgo de atribuirse incorrectamente. De la misma manera, si la dirección no cuenta con las competencias necesarias para mejorar el rendimiento de las UEN, toda inversión será en vano. De esta constatación se desprenden cuatro tipos de unidades de negocio:

• las unidades de negocio «centrales». La directiva las

forma y es capaz de actuar sobre ellas;

- las unidades de negocio «lastre». La directiva las forma pero, sin embargo, carece de las competencias necesarias para mejorarlas;
- las unidades de negocio «trampas de valor». La directiva general puede mejorar su rendimiento, pero no comprende cómo funcionan realmente;
- las unidades de negocio «extraterrestres». Están claramente inadaptadas porque la dirección no comprende su lógica y carece de las competencias necesarias para desarrollarlas.

La matriz de Ashridge

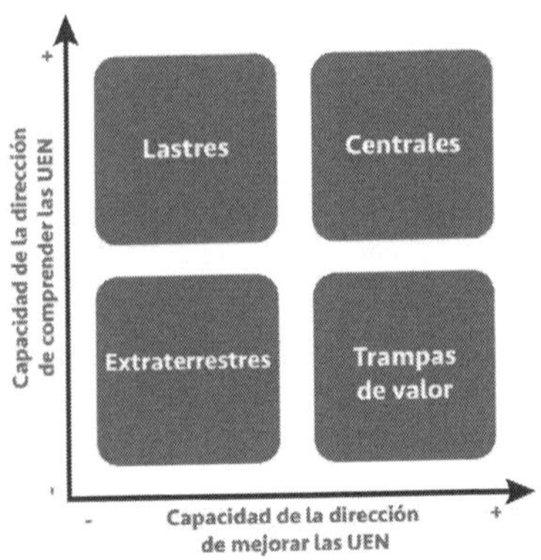

Este enfoque permite interesarse tanto por la dirección como por las UEN cuya rentabilidad se pretende mejorar. Esta relación había sido olvidada hasta ahora por los teóricos, concentrados principalmente en el mercado y en la unidad de negocio.

En conclusión, reunir estos diferentes planteamientos solo puede ser positivo para el empresario. Tener en cuenta las ventajas comparativas, los atractivos del mercado y las interacciones entre la UEN y la dirección permitirán mejorar la capacidad de análisis del dirigente en relación con la asignación de los recursos entre sus distintas UEN.

APLICACIÓN DEL CONCEPTO

CONSEJOS Y BUENAS PRÁCTICAS

La importancia de la definición del mercado

Como hemos observado, definir un mercado no es siempre sencillo y puede ser problemático para el mánager en muchos aspectos. Por ello, este debe evitar:

- encerrarse en un mercado demasiado limitado, corriendo el riesgo de pasar por alto un gran número de competidores potenciales;
- tener como objetivo un mercado demasiado amplio, que pueda llevar a análisis largos, tediosos y costosos tanto en términos de tiempo como de dinero dedicado a los mismos.

La definición del «mercado correcto» es primordial puesto que de ella dependerá la totalidad del análisis de la matriz BCG. Por ello, se aconseja a los usuarios del modelo que analicen el mercado antes de aplicarla. Los usuarios no deben dudar en pedirle ayuda a especialistas en el mercado, que les aconsejarán sobre la mejor forma de delimitarlo, teniendo en cuenta los recursos y el tiempo del que el mánager disponga.

Repartir las UEN en la matriz BCG

Para un empresario, es esencial ubicar las UEN en los cuadrantes de la matriz BCG. El mánager se encargará de evitar colocar las unidades de negocio en un solo cuadrante. Si bien poseer solo vacas lecheras puede resultar beneficioso a corto plazo, ¿qué ocurrirá en el futuro? Además, la empresa se arriesga a mostrar una imagen envejecida de cara a sus consumidores. De la misma manera, el mánager que solo conserve interrogantes se arriesga a que surjan con bastante rapidez problemas en materia de financiación, y enseguida se verá obligado a acabar con sus unidades de negocio. Por lo tanto, se recomienda repartir las UEN por todo el modelo para obtener un equilibrio entre las unidades de negocio más anticuadas, pero aun así lucrativas, y las unidades de negocio recientes que tengan un potencial elevado y que necesiten importantes y constantes inversiones.

Prever la evolución de las UEN

En esta fase, el lector ya se ha dado cuenta de que posicionar las unidades estratégicas en la matriz BCG no es tarea fácil. Existen numerosas dificultades que pueden alterar las elecciones en cuanto a su posicionamiento y provocar la caída acelerada de las UEN. Además, un mánager prudente que haya tenido en cuenta todos los elementos y características del mercado no podrá permitirse ni un minuto de reposo cuando haya identificado y ubicado correctamente sus UEN en el modelo. En realidad, la matriz BCG no ofrece un modelo en el que las UEN se encuentren congeladas en el tiempo. Existen varios escenarios de evolución posibles para cada una de las unidades de negocio representadas. Cada una de ellas debe ser objeto de un análisis en profundidad para favorecer al máximo el éxito de la empresa. Por lo tanto, es importante realizar una matriz BCG en la que se dispongan los diferentes escenarios posibles de cada una de las UEN. Para ello, existen diferentes tipos de trayectorias posibles, indicadas en la siguiente figura:

Posibles escenarios de evolución de las UEN

- **la trayectoria del innovador**. Corresponde a la llegada directa de una UEN al cuadrante superior izquierdo, destinado a las estrellas. La empresa que reinvierta los beneficios que ha generado (sobre todo gracias a las vacas lecheras) en investigación y desarrollo podrá esperar seguir la trayectoria del innovador. Este dinero reinvertido permitirá que surjan nuevos competidores y recursos que tendrán como consecuencia la creación de una nueva UEN que posea una ventaja competitiva sobre sus rivales. Posteriormente, en cuanto el mercado sea maduro, estas unidades de negocio están llamadas a convertirse en vacas lecheras, que a su vez permitirán invertir en I+D.
- **la trayectoria del seguidor**. De forma similar, los be-

neficios generados por vacas lecheras podrían también reinvertirse en los interrogantes que posean un fuerte potencial de crecimiento. Gracias a esta inversión podrán desarrollarse y, eventualmente, ocupar la posición de líder en el mercado.

- **la trayectoria del desastre**. No todos los escenarios resultan tan optimistas como los que ya hemos visto. De hecho, en el caso de que una unidad de negocio que se encuentra en el cuadrante de las estrellas no se beneficiara de las inversiones previstas, podría pasar rápidamente a la categoría de los interrogantes. Esto también puede producirse cuando una empresa no ha logrado analizar correctamente las expectativas de los consumidores así como los factores clave de éxito.
- **la trayectoria de la mediocridad**. Esta trayectoria es la que siguen las unidades de negocio que se encuentran en el cuadrante de los interrogantes y que no logran convertirse en estrellas. Estas unidades de negocio están llamadas a estancarse entre los cuadrantes de los perros y de los interrogantes, lo que genera importantes trampas de valor financieras para resultados más que decepcionantes.

El empresario que desee aplicar la matriz BCG tiene que tener en mente los distintos escenarios posibles para así evitar centrarse solamente en las trayectorias positivas que las UEN son susceptibles de seguir. El éxito pasa por la elaboración de respuestas a los escenarios pesimistas a los que toda empresa corre el riesgo de enfrentarse.

Hacia un uso complementario de las matrices de gestión de carteras

La matriz BCG tiene evidentes ventajas, pero también muestra algunos límites en su aplicación. Uno de ellos descansa en el hecho de que el modelo se basa en una excesiva simplificación y no tiene en cuenta todas las características del mercado. Desde la aparición de la matriz BCG, otros modelos han cosechado éxito entre los mánagers en el ámbito de la gestión de carteras. Entre ellos figuran la matriz atractivos/fortalezas de McKinsey y la de Ashridge, que ayudarán al mánager a profundizar en sus conocimientos del mercado y de su unidad de negocio, y a obtener una visión complementaria de las mejores elecciones de asignación que se pueden realizar.

ESTUDIO DE CASO

Tomemos el ejemplo de un grupo de renombre mundial creado en los años setenta, que reúne un gran número de unidades de negocio procedentes de diversos sectores. Nos encontramos, entre otras, con compañías aéreas, una empresa ferroviaria, una editorial y una empresa dedicada al turismo espacial. En este caso, hablamos de estrategia conglomerada, es decir, que reagrupa un gran número de unidades de negocio que no cuentan especialmente con sinergias claras entre ellas. El objetivo del fundador del grupo es permitir el crecimiento de empresas a través de la inyección de fondos y de competencias en las mismas. En 2012, el grupo registra una facturación de 15 mil millones de euros y cuenta con alrededor de 50 000 trabajadores por todo el mundo.

Es extremadamente interesante analizar este caso en el marco de la matriz BCG, ya que permite comprender cómo algunas UEN logran que otras vivan, a pesar de no poseer a priori puntos en común o sinergias entre ellas. Puesto que la estrategia llevada a cabo por Richard Branson tiene como objetivo la prosperidad de un gran número de empresas mediante compras y transferencias de competencias, es necesario contar con fondos consecuentes para que dicha estrategia tenga éxito. Para ello, algunas unidades de negocio ya existentes deben permitir financiar las nuevas unidades que se considera cuentan con un potencial susceptible de ser explotado.

La matriz BCG del grupo

En esta etapa, es necesario precisar algunos aspectos antes de explicar el modelo, para poder así comprenderlo correctamente:

- En primer lugar, no se han representado todas las unidades de negocio del grupo para que al lector le resulte más claro. Por lo tanto, solo se representan algunas de ellas.
- A continuación, la baja tasa de unidades de negocio en el cuadrante destinado a los perros se explica por el hecho de que al grupo le interesa no mantener las unidades en este sector. Además, en lo que se refiere a las unidades de negocio actuales, resulta difícil saber qué UEN se dirigirán hacia qué cuadrante.
- Finalmente, como se precisó anteriormente, la matriz BCG es una herramienta que debe actualizarse con regularidad, lo que significa que lo que es verdad un día no tiene por qué serlo al día siguiente. Este modelo puede evolucionar rápidamente con el paso de los años.

Una vez explicados estos aspectos, pasaremos a la aplicación de la matriz BCG por parte del grupo:

- Entre las UEN que han demostrado su valía se encuentran las compañías aéreas del grupo. La primera se fundó en los años ochenta. Después, prosperó y se pudo desarrollar: hoy en día, ha alcanzado un cierto grado de madurez. Es la punta de lanza de la marca del grupo, y es principalmente a través de ella que este se ha ganado una reputación de seguro y fiable, tanto en el sector aéreo como en el resto de sus productos. Este tipo de unidad de negocio, magnífico ejemplo del concepto de la vaca lechera, le permite al grupo hacerse con un considerable número de fondos que se utilizan para el desarrollo de la compañía, así como para el desarrollo de nuevas UEN con potencial elevado. Dicho esto, las vacas lecheras no son eternas y, si bien el grupo ha sabido perfectamente aprovechar las circunstancias de la compañía aérea, no resulta tan fácil para la compañía ferroviaria. Debido a la privatización de las vías ferroviarias en Gran Bretaña durante los años noventa, la empresa decide aprovechar la buena reputación que tiene en el sector del transporte aéreo para invertir con fuerza en este nuevo mercado. La fuerte competencia necesita inversiones constantes y no permite reasignar una gran parte de los beneficios en nuevos mercados, lo que explica la tendencia de la compañía ferroviaria a deslizarse ligeramente al cuadrante de los perros;

- Los ámbitos del ocio y de los medios de comunicación son dos tipos de unidades de negocios del grupo que se encuentran en el cuadrante de las «estrellas» en la matriz BCG;

  ○ Dado que el mundo de las telecomunicaciones y de Internet está en constante evolución, mantenerse en la élite es extremadamente rentable, pero demanda en contrapartida inversiones costosas y elevadas. La empresa centrada en los medios experimenta además numerosas dificultades a nivel financiero para mantener su posición en varios países. En Francia, una de las empresas del grupo se vio obligada a echar el cierre en 2013 debido a la crisis del disco provocada por la descarga (legal, pero sobre todo ilegal) de música en Internet.

  ○ Por su parte, el grupo es muy activo en el sector del ocio. Los ingresos, sobre todo los generados por la música, le aseguran un cómodo colchón financiero. Sin embargo, la observación sobre la empresa centrada en los medios de comunicación puede también aplicarse al mundo del ocio.

- Además, un grupo como este, que se apoya en las compras y en el desarrollo de nuevas UEN con un elevado potencial de desarrollo debe poseer un cierto número de interrogantes en su cartera. El interés relativamente reciente del grupo por las finanzas deja entrever actualmente unas perspectivas de futuro inciertas, lo que resulta aún más cierto en una época de crisis global. Igualmente, empresas como la que propone a corto plazo turismo espacial no están totalmente en línea con la realidad actual –la caída del poder adquisitivo. Este tipo de unidades de negocio podrían ser unas de las primeras en pagar la crisis que estamos atravesando.

- Finalmente, si bien no hay ninguna unidad de negocio que se presente directamente en el cuadrante de los perros, el grupo se ha alejado de algunas unidades que habrían podido encontrarse en dicho cuadrante. Una empresa que apuesta por el potencial de nuevas unidades de negocio siempre debe tener en cuenta los riesgos inherentes a toda inversión.

A modo de conclusión, cabe destacar que el grupo ha logrado encontrar un buen equilibrio entre las distintas unidades de negocio. Los valores seguros, que han demostrado su valía, se destinan a financiar el desarrollo de nuevas unidades de negocio que, a su vez y siempre que las previsiones sean exactas, permitirán disponer de fondos suficientes para lanzar nuevos proyectos. No obstante, nunca es fácil determinar con exactitud la trayectoria que tomarán las unidades de mercado que tienen mucho potencial, por lo que inyectar fondos en dichas unidades siempre supone un alto riesgo. Recurrir a la matriz BCG permite ganar en claridad en las elecciones de compra, así como en la inversión y el desarrollo de las UEN.

EN RESUMEN

- La matriz BCG es una herramienta de análisis de carteras de negocios de una empresa creada por el Boston Consulting Group en los años sesenta. Hoy en día, sigue siendo una herramienta de análisis muy valorada por los mánagers.
- Esta matriz permite comprender y observar la importancia relativa de las unidades de negocio que posee el mánager en su cartera de negocios.
- La matriz establece un nexo entre la cuota de mercado relativa de la empresa en el eje de abscisas y la tasa de crecimiento del mercado en el eje de ordenadas.
- Dependiendo de la situación en el cuadrante «estrellas», «vacas lecheras», «interrogantes» o «perros», se aconseja invertir, mantener o deshacerse de algunas unidades de negocio.
- Para garantizar el correcto funcionamiento de la matriz, es necesario confirmar un cierto número de hipótesis como la autofinanciación y el efecto de experiencia.
- La imprecisión, la simplificación de los términos así como la subjetividad del mánager hacen que este modelo sea a veces impreciso y que posea ciertos límites.
- Se trata de una herramienta complementaria a las matrices de McKinsey y de Ashridge. Puede ser utilizada por separado pero, aunque es interesante, no será necesariamente suficiente.
- Esta matriz tiene que ser actualizada constantemente, sobre todo en mercados que experimentan un fuerte crecimiento.

- La evolución de las UEN a lo largo del tiempo puede hacer que estas sigan distintas trayectorias a lo largo de sus vidas.
- El caso del grupo de estrategia conglomerada es un buen ejemplo del funcionamiento de la matriz BCG y permite comprender el principio de financiación de las nuevas UEN.

¡Tu opinión nos interesa!
¡Deja un comentario en la página web de tu librería en línea,
y comparte tus favoritos en las redes sociales!

PARA IR MÁS ALLÁ

FUENTES BIBLIOGRÁFICAS

- Deppe, Alain. "Séquence 4: La démarche stratégique à l'international". *Marketing international.* Consultado el 6 de mayo de 2014. http://foad.refer.org/IMG/pdf/Sequence_4-2.pdf
- Giboin, Bertrand. 2012. *La boîte à outils de la stratégie.* París: Dunod.
- Johnson, Gerry, Kevan Scholes, Richard Whittington y Frédéric Fréry. 2008. *Stratégique.* París: Pearson éducation.
- Lambin, Jean-Jacques y Chantale De Moerloose. 2008. *Marketing stratégique et opérationnel. Du marketing à l'orientation de marché.* París: Dunod.
- Lendrevie, Jacques y Julien Lévy. 2013. *Mercator 2013. Théorie et nouvelles pratiques du marketing.* París: Dunod.
- Marchesnay, Michel. 1993. *Management stratégique, 5-6.* París: Eyrolles.
- Portal de beCompta (contabilidad, fiscalidad y creación de empresas). Consultado el 6 de mayo de 2014. http://www.becompta.be
- Portal de McKinsey. Consultado el 6 de mayo de 2014. http://www.mckinsey.com/
- Portal de Virgin. Consultado el 6 de mayo de 2014. http://www.virgin.com/
- Portal del Boston Consulting Group. Consultado el 6 de mayo de 2014. http://www.bcg.com/
- Portal de Marketing stratégique. Consultado el 6 de mayo de 2014.

http://www.marketing-strategique.com/

- Saïas, Maurice y Emmanuel Métais. 2001. "Stratégie d'entreprise: évolution de la pensée". *Finance. Contrôle. Stratégie*, vol. 4, n.° 1, 183-213.

FUENTES COMPLEMENTARIAS

- Armstrong, J. Scott y Roderick Brodie, "Effects of Portfolio Planning Methods on Decision Making: Experimental Results". *International Journal of Research in Marketing*, 11(1), 73-84.
- Bardon, Thibaut. 2007. "Quel est le rôle des cabinets de conseil en management dans la dynamique du savoir collectif managérial ? Une approche néo-institutionne-lle". *XVIème Conférence Internationale de Management Stratégique (AIMS)*. Consultado el 6 de mayo de 2014. http://basepub.dauphine.fr/bitstream/handle/123456789/2970/bardon.pdf?sequence=2
- Fleisher, Craig y Babette Bensoussan. 2003. *Strategic and Competitive Analysis: Methods and Techniques for Analyzing Business Competition*. Upper Saddle River: Prentice Hall.
- Hambrick, Donald, Ian MacMillan y Diana Day. 1982. "Strategic Attributes and Performance in the BCG Matrix. A PIMS-Based Analysis of Industrial Product Businesses". *Academy of Management Journal*, 25(3).

en50MINUTOS.es

Historia

Economía y empresa

Coaching

¡APRENDER NUNCA ANTES FUE TAN RÁPIDO!

www.en50minutos.es

© en50Minutos.es, 2016. Todos los derechos reservados.

www.en50Minutos.es

ISBN ebook: 9782806274878

ISBN papel: 9782806285355

Depósito legal: D/2016/12603/469

Libro realizado por Primento, el socio digital de los editores